Diario

180 Versi della Bibbia per Eliminare l'Ansia e lo Stress

Come controllare l'ansia nei momenti difficili attraverso potenti versi e salmi tratti dalla Bibbia.

AF436021

Gianluca Pace

Attenzione:

Questo libro è stato scritto a scopo esclusivamente informativo. Non rappresenta un sostituto di diagnosi professionale né di trattamento di alcuna condizione di salute. Se ritieni di essere in pericolo o di star sviluppando sintomi che richiedono attenzione immediata, consulta il tuo medico o chiama il servizio medico di emergenza locale.

Indice

Non esiste nulla di più potente che concentrare la nostra attenzione diretta **su Dio per superare i nostri pensieri di paura, ansia e panico**, anche durante i momenti più difficili. Questo diario contiene la mia raccolta personale di 185 versetti per superare la paura e l'ansia.

Un diario che ti prende per mano in modo da poter scrivere e documentare i tuoi pensieri, consentendoti di applicare ogni verso alla tua vita quotidiana per aiutarti a **vivere con più tranquillità**.

In qualsiasi momento della nostra vita potremo **sentirci invasi e sopraffatti da preoccupazioni estreme**.

Si stima che circa il 20% delle persone convive con l'ansia, il che le porta a soffrire di angoscia, irrequietezza, perdita della pace mentale e a passare le proprie giornate accompagnate da paure e insicurezze.

Le ragioni sono svariate, ma l'ansia generalmente si verifica a seguito di:

- Situazioni traumatiche che non possiamo controllare

- **Mancanza di denaro** che possa soddisfare le responsabilità e le esigenze finanziarie
- **Malattie** personali o dei propri cari
- **Stress da lavoro**
- **Relazioni tossiche**
- Esperienze da vittima di abusi
- Paura di fronte a presentazioni e test accademici
- Senso di colpa per gli errori commessi
- Esperienze ignote
- Discussioni e problemi con familiari o amici
- Paura che i propri figli possano essere in pericolo
- Vivere in zone di conflitto
- **Dubbi sul futuro**, e molte altre situazioni.

Dio non è estraneo a queste tribolazioni dell'umanità.

Qui condividerò con te la mia umile raccolta di versi tratti dalla Bibbia per superare l'ansia e lo stress.

MOLTO IMPORTANTE

Subito dopo i versetti avrai a disposizione uno spazio per scriverci sopra le tue riflessioni e pensieri su base giornaliera.

È stato scientificamente dimostrato che mettere i nostri pensieri per iscritto, o tenere un diario:

- Riduce l'ansia nei pazienti affetti da sclerosi multipla (Hasanzadeh, Khoshknab e Norozi, 2012);
- Riduce i sintomi fisici, i problemi di salute e l'ansia nelle donne (LaClaire, 2008);
- Aiuta gli studenti a gestire lo stress e l'ansia (Flinchbaugh, Moore, Chang e May, 2012).
- Aiuta in generale a gestire lo stress e a ridurre la depressione.

Pertanto, ti invito a riflettere quotidianamente su questi versi e a dedicare un po' del tuo tempo annotando i tuoi pensieri in questo libro.

Salmi 120: 1

Nella mia angoscia ho gridato al Signore ed egli mi ha risposto.

____

____

____

____

____

____

____

____

____

____

____

____

____

____

____

Salmi 28: 6-7

6 Benedetto sia il Signore, poiché ha udito la voce delle mie suppliche.

____

____

____

____

____

____

____

____

____

____

____

____

____

____

7 Il Signore è la mia forza e il mio scudo; in lui s'è confidato il mio cuore, e sono stato soccorso; perciò il mio cuore esulta, e io lo celebrerò con il mio canto.

____

____

____

____

____

____

____

____

____

____

____

____

____

____

Salmi 34: 17:-19

17 I giusti gridano e il Signore li ascolta; li libera da tutte le loro disgrazie.

____

____

____

____

____

____

____

____

____

____

____

____

____

____

18 Il Signore è vicino a quelli che hanno il cuore afflitto, salva gli umili di spirito.

____

____

____

____

____

____

____

____

____

____

____

____

____

____

19 Molte sono le afflizioni del giusto; ma il Signore lo libera da tutte.

____

____

____

____

____

____

____

____

____

____

____

____

____

____

Salmi 42: 5

5 Perché ti abbatti, anima mia? Perché ti agiti in me?
Spera in Dio, perché lo celebrerò ancora; egli è il mio
salvatore e il mio Dio.

Scrivi i pensieri e i sentimenti che ti suscita questo versetto

____

____

____

____

____

____

____

Scrivi come credi che questo versetto si possa presentare nella tua vita in un futuro prossimo

____

____

____

____

____

____

Salmi 62: 6-8

6 Anima mia, trova riposo in Dio solo, poiché da lui proviene la mia speranza.

____

____

____

____

____

____

____

____

____

____

____

____

7 Egli solo è la mia rocca e la mia salvezza; egli è il mio rifugio; io non potrò vacillare.

____

____

____

____

____

____

____

____

____

____

____

____

____

____

8 Dio è la mia salvezza e la mia gloria; la mia forte rocca
e il mio rifugio sono in Dio.

____

____

____

____

____

____

____

____

____

____

____

____

____

____

Salmi 107: 5-6

5 Soffrivano la fame e la sete, l'anima veniva meno in loro.

____

____

____

____

____

____

____

____

____

____

____

____

____

____

6 Ma nella loro angoscia gridarono al Signore ed egli li liberò dalle loro tribolazioni.

____

____

____

____

____

____

____

____

____

____

____

____

____

Salmi 107: 13-15

13 Gridarono al Signore nella loro angoscia ed egli li salvò dalle loro tribolazioni;

____

____

____

____

____

____

____

____

____

____

____

____

____

____

14 li fece uscire dalle tenebre e dall'ombra di morte,
spezzò le loro catene.

____

____

____

____

____

____

____

____

____

____

____

____

____

____

15 Celebrino il Signore per la sua bontà e per i suoi
prodigi in favore degli uomini!

____

____

____

____

____

____

____

____

____

____

____

____

____

____

Potresti lasciarci un feedback raccontando la tua esperienza con questo libro?

Grazie.

Salmi 121: 1-2

1 Alzo gli occhi verso i monti, da dove mi verrà l'aiuto? 2
Il mio aiuto vien dal Signore, che ha fatto il cielo e la
terra.

Scrivi i pensieri e i sentimenti che ti suscita questo versetto

____

____

____

____

____

____

____

Scrivi come credi che questo versetto si possa presentare nella tua vita in un futuro prossimo

____

____

____

____

____

____

____

Salmi 102: 1- 2

1 Signore, ascolta la mia preghiera e giunga fino a te il
mio grido!

____

____

____

____

____

____

____

____

____

____

____

____

____

____

2 Non nascondermi il tuo volto nel giorno della mia sventura; porgi il tuo orecchio verso di me; quando t'invoco, affrettati a rispondermi.

____

____

____

____

____

____

____

____

____

____

____

____

____

____

Proverbi 12: 25

25 L'affanno deprime il cuore dell'uomo, una parola
buona lo allieta.

____

____

____

____

____

____

____

____

____

____

____

____

____

____

Salmi 55: 22

22 Getta sul Signore il tuo affanno, ed egli ti sosterrà; egli non permetterà mai che il giusto vacilli.

____

____

____

____

____

____

____

____

____

____

____

____

____

____

Proverbi 14: 30

30 Un cuore tranquillo è la vita di tutto il corpo, l'invidia è
la carie delle ossa.

____

____

____

____

____

____

____

____

____

____

____

____

____

____

Giovanni 14: 1-3

1 Non sia turbato il vostro cuore. Abbiate fede in Dio e
abbiate fede anche in me.

____

____

____

____

____

____

____

____

____

____

____

____

____

____

____

2 Nella casa del Padre mio vi sono molti posti. Se no, ve l'avrei detto. Io vado a prepararvi un posto.

____

____

____

____

____

____

____

____

____

____

____

____

____

____

3 E quando sarò andato e vi avrò preparato un posto,
ritornerò e vi prenderò con me, perché siate anche voi
dove sono io.

____

____

____

____

____

____

____

____

____

____

____

____

____

4 E del luogo dove io vado, voi conoscete la via.

____

____

____

____

____

____

____

____

____

____

____

____

____

____

Apocalisse 2: 10

10 Non temere ciò che stai per soffrire: ecco, il diavolo sta per gettare alcuni di voi in carcere, per mettervi alla prova e avrete una tribolazione per dieci giorni. Sii fedele fino alla morte e ti darò la corona della vita.

Scrivi i pensieri e i sentimenti che ti suscita questo versetto

____

____

____

____

____

____

____

Scrivi come credi che questo versetto si possa presentare nella tua vita in un futuro prossimo

____

____

____

____

____

Romani 5: 3-5

3 E non soltanto questo: noi ci vantiamo anche nelle tribolazioni, ben sapendo che la tribolazione produce pazienza, la pazienza una virtù provata,

____

____

____

____

____

____

____

____

____

____

____

____

____

____

4 e la virtù provata la speranza, 5 La speranza poi non delude, perché l'amore di Dio è stato riversato nei nostri cuori per mezzo dello Spirito Santo che ci è stato dato.

____

____

____

____

____

____

____

____

____

____

____

____

____

____

Salmi 6: 9-10

9 Via da me, voi tutti malfattori; poiché il Signore ha udito la voce del mio pianto.

____

____

____

____

____

____

____

____

____

____

____

____

____

____

10 Il Signore ha ascoltato la mia supplica, il Signore accoglie la mia preghiera.

____

____

____

____

____

____

____

____

____

____

____

____

____

____

Matteo 11: 28-30

28 Venite a me, voi tutti, che siete affaticati e oppressi, e
io vi ristorerò.

____

____

____

____

____

____

____

____

____

____

____

____

____

____

29 Prendete il mio giogo sopra di voi e imparate da me,
che sono mite e umile di cuore, e troverete ristoro per le
vostre anime. 30 Il mio giogo infatti è dolce e il mio carico
leggero.

____

____

____

____

____

____

____

____

____

____

____

____

____

____

2 Corinzi 4: 8-10

8 Siamo infatti tribolati da ogni parte, ma non schiacciati; siamo sconvolti, ma non disperati;

____

____

____

____

____

____

____

____

____

____

____

9 perseguitati, ma non abbandonati; colpiti, ma non uccisi, 10 portando sempre e dovunque nel nostro corpo la morte di Gesù, perché anche la vita di Gesù si manifesti nel nostro corpo.

____

____

____

____

____

____

____

____

____

____

____

____

____

____

Salmi 37: 1-5

1 Non adirarti a causa dei malvagi; non aver invidia di
quelli che agiscono perversamente;

____

____

____

____

____

____

____

____

____

____

____

____

____

____

2 perché presto saranno falciati come il fieno e
appassiranno come l'erba verde.

____

____

____

____

____

____

____

____

____

____

____

____

____

____

3 Confida nel Signore e fa' il bene; abita il paese e pratica
la fedeltà.

____

____

____

____

____

____

____

____

____

____

____

____

____

____

4 Trova la tua gioia nel Signore, ed egli appagherà i desideri del tuo cuore.

____

____

____

____

____

____

____

____

____

____

____

____

____

____

5 Riponi la tua sorte nel Signore; confida in lui, ed egli
agirà.

____

____

____

____

____

____

____

____

____

____

____

____

Efesini 6: 10-12

10 Per il resto, attingete forza nel Signore e nel vigore della sua potenza.

Scrivi i pensieri e i sentimenti che ti suscita questo versetto

____

____

____

____

____

____

____

Scrivi come credi che questo versetto si possa presentare nella tua vita in un futuro prossimo

____

____

____

____

____

____

____

11 Rivestitevi dell'armatura di Dio, per poter resistere alle insidie del diavolo.

Scrivi i pensieri e i sentimenti che ti suscita questo versetto

____

____

____

____

____

____

____

Scrivi come credi che questo versetto si possa presentare nella tua vita in un futuro prossimo

____

____

____

____

____

____

____

12 La nostra battaglia infatti non è contro creature fatte di sangue e di carne, ma contro i Principati e le Potestà, contro i dominatori di questo mondo di tenebra, contro gli spiriti del male che abitano nelle regioni celesti.

Scrivi i pensieri e i sentimenti che ti suscita questo versetto

____

____

____

____

____

____

____

Scrivi come credi che questo versetto si possa presentare nella tua vita in un futuro prossimo

____

____

____

____

____

____

____

2 Corinzi 4: 16-17

16 Per questo non ci scoraggiamo, ma se anche il nostro uomo esteriore si va disfacendo, quello interiore si rinnova di giorno in giorno.

____

____

____

____

____

____

____

____

____

____

____

____

____

17 Infatti il momentaneo, leggero peso della nostra
tribolazione, ci procura una quantità smisurata ed eterna
di gloria.

____
____
____
____
____
____

____
____
____
____
____
____

Salmi 61: 1-3

1 O Dio, ascolta il mio grido, sii attento alla mia preghiera.

2 Dall'estremità della terra io grido a te, con cuore

affranto; conducimi tu alla rocca ch'è troppo alta per me.

3 poiché tu sei stato un rifugio per me, una torre fortificata davanti al nemico.

____

____

____

____

____

____

____

____

____

____

____

____

____

____

1 Pietro 1: 6-7

6 Perciò siete ricolmi di gioia, anche se ora dovete essere un po' afflitti da varie prove.

Scrivi i pensieri e i sentimenti che ti suscita questo versetto

____

____

____

____

____

____

____

Scrivi come credi che questo versetto si possa presentare nella tua vita in un futuro prossimo

____

____

____

____

____

____

____

7 perché il valore della vostra fede, molto più preziosa dell'oro, che, pur destinato a perire, tuttavia si prova col fuoco, torni a vostra lode, gloria e onore nella manifestazione di Gesù Cristo.

Scrivi i pensieri e i sentimenti che ti suscita questo versetto

____

____

____

____

____

____

____

Scrivi come credi che questo versetto si possa presentare nella tua vita in un futuro prossimo

____

____

____

____

____

____

____

Salmi 91: 1-16

1 Chi dimora nel riparo dell'Altissimo, riposa all'ombra dell'Onnipotente,

2 io lo dico all'Eterno: «Tu sei il mio rifugio e la mia fortezza, il mio Dio, in cui confido».

3 Certo egli ti libererà dal laccio dell'uccellatore e dalla peste mortifera;

4 Egli ti coprirà con le sue penne e sotto le sue ali troverai rifugio; la sua fedeltà ti sarà scudo e corazza.

5 Tu non temerai lo spavento notturno, né la freccia che vola di giorno,

6 né la peste che vaga nelle tenebre, né lo sterminio che imperversa a mezzodì.

7 Mille cadranno al tuo fianco e diecimila alla tua destra, ma a te non si accosterà.

8 Basta che tu osservi con gli occhi e vedrai la retribuzione degli empi.

9 Poiché tu hai detto: «O Eterno, tu sei il mio rifugio», e hai fatto dell'Altissimo il tuo riparo,

10 10 non ti accadrà alcun male, né piaga alcuna si accosterà alla tua tenda.

11 Poiché egli comanderà ai suoi Angeli di custodirti in tutte le tue vie.

12 Essi ti porteranno nelle loro mani, perché il tuo piede non inciampi in alcuna pietra.

13 Tu camminerai sul leone e sull'aspide, calpesterai il leoncello e il dragone!

14 Poiché egli ha riposto in me il suo amore, io lo libererò e lo leverò in alto al sicuro, perché conosce il mio nome.

15 Egli mi invocherà e io gli risponderò; sarò con lui nell'avversità; lo libererò e lo glorificherò.

16 Lo sazierò di lunga vita e gli farò vedere la mia salvezza.

Scrivi i pensieri e i sentimenti che ti suscita questo versetto

____

____

____

____

____

____

____

Scrivi come credi che questo versetto si possa presentare nella tua vita in un futuro prossimo

____

____

____

____

____

____

____

Isaia 35: 4

4 Dite agli smarriti di cuore: «Coraggio! Non temete; ecco il vostro Dio, giunge la vendetta, la ricompensa divina. Egli viene a salvarvi».

____

____

____

____

____

____

____

____

____

____

____

____

____

____

Geremia 1: 8

8 «Non temerli, perché io sono con te per proteggerti».
Oracolo del Signore.

____

____

____

____

____

____

____

____

____

____

____

____

____

____

Isaia 43: 2-4

2 Quando dovrai attraversare le acque, io sarò con te;
quando attraverserai i fiumi, essi non ti sommergeranno;
quando camminerai nel fuoco non sarai bruciato e la
fiamma non ti consumerà.

____

____

____

____

____

____

____

____

____

____

____

____

____

3 Perché io sono il Signore, il tuo Dio, il Santo d'Israele, il tuo salvatore; io ho dato l'Egitto come tuo riscatto, l'Etiopia e Seba al tuo posto.

____

____

____

____

____

____

____

____

____

____

____

____

____

____

4 Perché tu sei prezioso ai miei occhi, perché sei degno di stima e io ti amo, do uomini al tuo posto e nazioni in cambio della tua vita.

____

____

____

____

____

____

____

____

____

____

____

____

____

____

2 Corinzi 1: 3-4

3 Benedetto sia il Dio e Padre del nostro Signore Gesù
Cristo, il Padre misericordioso e Dio di ogni consolazione,

____

____

____

____

____

____

____

____

____

____

____

____

____

____

4 il quale ci consola in ogni nostra afflizione, affinché, mediante la consolazione con la quale siamo noi stessi da Dio consolati, possiamo consolare quelli che si trovano in qualunque afflizione.

____

____

____

____

____

____

____

____

____

____

____

____

Ovviamente non si tratta di rimanere stoici o imperturbabili da qualsiasi male che ci affligge, visto che le emozioni sono innate e inevitabili, ma dobbiamo imparare a riposare i nostri disturbi in Dio, perchè è lui che ha la soluzione o la cura.

Ebrei 6: 18-20 18 Il Signore ci diede sia la sua promessa che il suo giuramento, in modo che potessimo contare in pieno su questi due atti irrevocabili, nei quali è impossibile che Dio non sia sincero. E tutti quelli che cercano scampo in Dio per avere la salvezza sono incoraggiati dalla promessa e dal giuramento di Dio: ora possono sapere senza dubbio che egli darà loro la salvezza che ha promesso.

Scrivi i pensieri e i sentimenti che ti suscita questo versetto

____

____

____

____

____

____

____

Scrivi come credi che questo versetto si possa presentare nella tua vita in un futuro prossimo

____

____

____

____

____

____

____

19 Questa sicura speranza di essere salvati è come
l'ancora della nostra anima, è la speranza che ci lega a
Dio stesso e penetra al di là delle sacre cortine del cielo,
20 dove Cristo entrò prima di noi ad intercedere per la
nostra causa.

Scrivi i pensieri e i sentimenti che ti suscita questo versetto

____

____

____

____

____

____

____

Scrivi come credi che questo versetto si possa presentare nella tua vita in un futuro prossimo

____

____

____

____

____

____

____

1 Corinzi 10: 12- 13

12 Perciò, chi pensa di stare in piedi guardi di non
cadere,

____

____

____

____

____

____

____

____

____

____

____

____

____

____

13 Nessuna tentazione vi ha còlti, che non sia stata umana; però Dio è fedele e non permetterà che siate tentati oltre le vostre forze; ma con la tentazione vi darà anche la via di uscirne, affinché la possiate sopportare.

____

____

____

____

____

____

____

____

____

____

____

____

____

____

Salmi 116: 3 3 I legami della morte mi avevano
circondato, le angosce del soggiorno dei morti mi
avevano colto; mi aveva raggiunto la disgrazia e il dolore.
4 Ma io invocai il nome del Signore: «Signore, libera
l'anima mia!».

____

____

____

____

____

____

____

____

____

____

____

____

____

____

5 Il Signore è pietoso e giusto, il nostro Dio è misericordioso. 6 Il Signore protegge i semplici; io ero ridotto in misero stato ed egli mi ha salvato.

____

____

____

____

____

____

____

____

____

____

____

____

____

____

Matteo 6: 25-34 25 Perciò vi dico: per la vostra vita non affannatevi di quello che mangerete o berrete, e neanche per il vostro corpo, di quello che indosserete; la vita forse non vale più del cibo e il corpo più del vestito?

____

____

____

____

____

____

____

____

____

____

____

____

____

____

26 Guardate gli uccelli del cielo: non seminano, né
mietono, né ammassano nei granai; eppure il Padre
vostro celeste li nutre. Non contate voi forse più di loro?

____

____

____

____

____

____

____

____

____

____

____

____

____

____

27 E chi di voi, per quanto si dia da fare, può aggiungere un'ora sola alla sua vita? 28 E perché vi affannate per il vestito? Osservate come crescono i gigli del campo: non lavorano e non filano;

____

____

____

____

____

____

____

____

____

____

____

____

____

____

29 Eppure io vi dico che neanche Salomone, con tutta la sua gloria, vestiva come uno di loro. 30 Y si Ora se Dio veste così l'erba del campo, che oggi c'è e domani verrà gettata nel forno, non farà assai più per voi, gente di poca fede?

____

____

____

____

____

____

____

____

____

____

____

____

____

____

31 Non affannatevi dunque dicendo: Che cosa mangeremo? Che cosa berremo? Che cosa indosseremo?

____

____

____

____

____

____

____

____

____

____

____

____

____

____

32 Di tutte queste cose si preoccupano i pagani; il Padre vostro celeste infatti sa che ne avete bisogno.

---

33 Cercate prima il regno di Dio e la sua giustizia, e tutte queste cose vi saranno date in aggiunta.

____

____

____

____

____

____

____

____

____

____

____

____

____

____

34 Non affannatevi dunque per il domani, perché il domani avrà già le sue inquietudini. A ciascun giorno basta la sua pena.

Scrivi i pensieri e i sentimenti che ti suscita questo versetto

____

____

____

____

____

____

____

Scrivi come credi che questo versetto si possa presentare nella tua vita in un futuro prossimo

____

____

____

____

____

____

____

Isaia 26: 12

12 Signore, tu ci darai la pace; poiché ogni opera nostra la compi tu per noi.

Scrivi i pensieri e i sentimenti che ti suscita questo versetto

____

____

____

____

____

____

____

Scrivi come credi che questo versetto si possa presentare nella tua vita in un futuro prossimo

____

____

____

____

____

____

____

Matteo 13: 22

22 Quello che ha ricevuto il seme tra le spine è colui che ode la parola; poi gli impegni mondani e l'inganno delle ricchezze soffocano la parola che rimane infruttuosa.

Scrivi i pensieri e i sentimenti che ti suscita questo versetto

____

____

____

____

____

____

____

Scrivi come credi che questo versetto si possa presentare nella tua vita in un futuro prossimo

____

____

____

____

____

____

____

Filippesi 4: 19

19 Il mio Dio, a sua volta, colmerà ogni vostro bisogno secondo la sua ricchezza con magnificenza in Cristo Gesù.

____

____

____

____

____

____

____

____

____

____

____

____

____

Matteo 10: 28-31

28 E non temete coloro che uccidono il corpo, ma non possono uccidere l'anima; temete piuttosto colui che può far perire l'anima e il corpo nella geenna.

____

____

____

____

____

____

____

____

____

____

____

____

____

____

29 Due passeri non si vendono per un soldo? Eppure non ne cade uno solo in terra senza il volere del Padre vostro.

____

____

____

____

____

____

____

____

____

____

____

____

____

____

30 Quanto a voi, perfino i capelli del vostro capo sono tutti contati. 31 Non temete dunque; voi valete più di molti passeri.

____

____

____

____

____

____

____

____

____

____

____

____

____

____

Ebrei 13:5-6 5 La vostra condotta non sia dominata dall'amore del denaro; siate contenti delle cose che avete; perché Dio stesso ha detto: «Io non ti lascerò e non ti abbandonerò»,

____

____

____

____

____

____

____

____

____

____

____

____

____

____

6 Così noi possiamo dire con piena fiducia: «Il Signore è il mio aiuto; non temerò. Che cosa potrà farmi l'uomo?».

____

____

____

____

____

____

____

____

____

____

____

____

____

____

Lucas 12: 22-34

22 Gesù disse ai suoi discepoli: «Perciò vi dico: non siate
in ansia per la vita vostra, di quel che mangerete, né per
il corpo, di che vi vestirete;

____

____

____

____

____

____

____

____

____

____

____

____

____

23 poiché la vita è più del nutrimento e il corpo più del vestito. 24 Osservate i corvi: non seminano, non mietono; non hanno dispensa né granaio, eppure Dio li nutre. E voi, quanto più degli uccelli valete!

____

____

____

____

____

____

____

____

____

____

____

____

____

25 E chi di voi può con la sua preoccupazione aggiungere un'ora sola alla durata della sua vita? 26 Se dunque non potete fare nemmeno ciò che è minimo, perché vi affannate per il resto?

____

____

____

____

____

____

____

____

____

____

____

____

____

27 Guardate i gigli, come crescono; non faticano e non filano; eppure io vi dico che Salomone stesso, con tutta la sua gloria, non fu mai vestito come uno di loro.

____

____

____

____

____

____

____

____

____

____

____

____

____

____

____

28 Ora se Dio riveste così l'erba che oggi è nel campo e
domani è gettata nel forno, quanto più vestirà voi, gente
di poca fede!

____

____

____

____

____

____

____

____

____

____

____

____

____

____

29 Anche voi non state a cercare che cosa mangerete e
che cosa berrete, e non state in ansia!

____

____

____

____

____

____

____

____

____

____

____

____

____

____

30 Perché è la gente del mondo che ricerca tutte queste cose; ma il Padre vostro sa che ne avete bisogno.

____

____

____

____

____

____

____

____

____

____

____

____

____

____

31 Cercate piuttosto il suo regno, e queste cose vi saranno date in più.

____

____

____

____

____

____

____

____

____

____

____

____

____

____

32 Non temere, piccolo gregge; perché al Padre vostro è piaciuto di darvi il regno.

____

____

____

____

____

____

____

____

____

____

____

____

____

____

33 Vendete i vostri beni, e dateli in elemosina; fatevi delle borse che non invecchiano, un tesoro inesauribile nel cielo, dove ladro non si avvicina e tignola non rode.

34 Perché dov'è il vostro tesoro, lì sarà anche il vostro cuore.

Scrivi i pensieri e i sentimenti che ti suscita questo versetto

____

____

____

____

____

____

____

Scrivi come credi che questo versetto si possa presentare nella tua vita in un futuro prossimo

____

____

____

____

____

____

____

Salmi 37: 25

25 Io sono stato giovane e sono anche divenuto vecchio, ma non ho mai visto il giusto abbandonato, né la sua discendenza mendicare il pane.

Scrivi i pensieri e i sentimenti che ti suscita questo versetto

____

____

____

____

____

____

____

Scrivi come credi che questo versetto si possa presentare nella tua vita in un futuro prossimo

____

____

____

____

____

____

____

____

Giovanni 6: 11-13

11 Allora Gesù prese i pani e, dopo aver reso grazie, li distribuì a quelli che si erano seduti, e lo stesso fece dei pesci, finché ne vollero.

Scrivi i pensieri e i sentimenti che ti suscita questo versetto

____

____

____

____

____

____

____

Scrivi come credi che questo versetto si possa presentare nella tua vita in un futuro prossimo

____

____

____

____

____

____

12 E quando furono saziati, disse ai discepoli: «Raccogliete i pezzi avanzati, perché nulla vada perduto». 13 Li raccolsero e riempirono dodici canestri con i pezzi dei cinque pani d'orzo, avanzati a coloro che avevano mangiato.

____

____

____

____

____

____

____

____

____

____

____

____

____

____

Ababuc 3: 17-19 17 Il fico infatti non germoglierà, nessun prodotto daranno le viti, cesserà il raccolto dell'olivo, i campi non daranno più cibo, i greggi spariranno dagli ovili e le stalle rimarranno senza buoi;

____

____

____

____

____

____

____

____

____

____

____

____

____

18 Ma io gioirò nel Signore, esulterò in Dio mio salvatore,

____

____

____

____

____

____

____

____

____

____

____

____

____

____

____

____

19 Il Signore Dio è la mia forza, egli rende i miei piedi
come quelli delle cerve e sulle alture mi fa camminare.

____

____

____

____

____

____

____

____

____

____

____

____

____

____

Può sembrare difficile da credere, ma l'ansia non è assolutamente così negativa.

Se ben incanalata, può essere un motore che ci spinge ad agire nella vita e ad affrontare le sfide e le prove che la Bibbia ci descrive.

È normale voler sapere quando e come superare le nostre ansie.

Nell'aiuto spirituale che la Bibbia fornisce, ci sono due azioni che ci consentono di navigare con successo in questi tempi difficili.

Il primo, come abbiamo già notato nelle Letture, è confidare pienamente nel potere di Dio e di Gesù Cristo. Il secondo è chiedere, pieni di fiducia, al Signore, di ascoltarci e prestarci attenzione.

Quindi, la soluzione all'ansia che ci travolge e ci tiene lontani dalla pace sta nella preghiera.

Salmo 13: 2-6

2 Fino a quando, Signore, continuerai a dimenticarmi? Fino a quando mi nasconderai il tuo volto? 3 Fino a quando nell'anima mia proverò affanni, tristezza nel cuore ogni momento? Fino a quando su di me trionferà il nemico?

> **Scrivi i pensieri e i sentimenti che ti suscita questo versetto**

____

____

____

____

____

____

____

> **Scrivi come credi che questo versetto si possa presentare nella tua vita in un futuro prossimo**

____

____

____

____

____

____

4 Guarda, rispondimi, Signore mio Dio, conserva la luce ai miei occhi,perché non mi sorprenda il sonno della morte, 5 perché il mio nemico non dica: «L'ho vinto!» e non esultino i miei avversari quando vacillo.

____

____

____

____

____

____

____

____

____

____

____

____

____

____

6 Nella tua misericordia ho confidato. Gioisca il mio cuore nella tua salvezza e canti al Signore, che mi ha beneficato.

Scrivi i pensieri e i sentimenti che ti suscita questo versetto

____

____

____

____

____

____

____

Scrivi come credi che questo versetto si possa presentare nella tua vita in un futuro prossimo

____

____

____

____

____

____

____

Filippesi 4: 6-7

6 Non angustiatevi di nulla, ma in ogni cosa fate conoscere le vostre richieste a Dio in preghiere e suppliche, accompagnate da ringraziamenti.

____

____

____

____

____

____

____

____

____

____

____

____

____

____

7 E la pace di Dio, che supera ogni intelligenza, custodirà i vostri cuori e i vostri pensieri in Cristo Gesù.

____
____
____
____
____
____
____
____

____
____
____
____
____
____
____

Salmi 18: 2-4 2 Io ti amo, o Signore, mia forza, 3 Il Signore è la mia rocca, la mia fortezza, il mio liberatore; il mio Dio, la mia rupe, in cui mi rifugio, il mio scudo, il mio potente salvatore, il mio alto rifugio. 4 Io invocai il Signore ch'è degno d'ogni lode e fui salvato dai miei nemici.

____

____

____

____

____

____

____

____

____

____

____

____

____

Salmi 38: 9-10

9 Sono sfinito e depresso; ruggisco per il fremito del mio cuore. 10 Signore, ti sta davanti ogni mio desiderio, i miei gemiti non ti sono nascosti.

Scrivi i pensieri e i sentimenti che ti suscita questo versetto

____

____

____

____

____

____

____

Scrivi come credi che questo versetto si possa presentare nella tua vita in un futuro prossimo

____

____

____

____

____

____

____

Geremia 17: 7-8

7 Benedetto l'uomo che confida nel Signore, e la cui
fiducia è il Signore!

____

____

____

____

____

____

____

____

____

____

____

____

____

____

8 Egli è come un albero piantato vicino all'acqua, che distende le sue radici lungo il fiume; non si accorge quando viene la calura e il suo fogliame rimane verde; nell'anno della siccità non è in affanno e non cessa di portare frutto.

____

____

____

____

____

____

____

____

____

____

____

____

____

____

Salmi 55: 22

22 Getta sul Signore il tuo affanno, ed egli ti sosterrà; egli non permetterà mai che il giusto vacilli.

____

____

____

____

____

____

____

____

____

____

____

____

____

____

____

Salmi 56: 2-4

2 I miei nemici vorrebbero continuamente divorarmi. Sì
sono molti coloro che mi combattono nel loro orgoglio.
3 Quando avrò paura, confiderò in te.

____

____

____

____

____

____

____

____

____

____

____

____

____

____

4 Con l'aiuto di Dio celebrerò la sua parola; ho posto la
mia fiducia in Dio, non temerò. Che cosa mi può fare
l'uomo?

____

____

____

____

____

____

____

____

____

____

____

____

Romani 8: 26-28

26 Allo stesso modo ancora, lo Spirito viene in aiuto alla nostra debolezza, perché non sappiamo pregare come si conviene; ma lo Spirito intercede egli stesso per noi con sospiri ineffabili.

____
____
____
____
____
____
____

____
____
____
____
____
____

27 e colui che esamina i cuori sa quale sia il desiderio dello Spirito, perché egli intercede per i santi secondo il volere di Dio.

____

____

____

____

____

____

____

____

____

____

____

____

____

____

28 Or sappiamo che tutte le cose cooperano al bene di quelli che amano Dio, i quali sono chiamati secondo il suo disegno.

____

____

____

____

____

____

____

____

____

____

____

____

____

____

Salmi 56: 10-11

10 Coll'aiuto di Dio celebrerò la sua parola; coll'aiuto dell'Eterno celebrerò la sua parola. 11 In Dio confido e non temerò; che mi può far l'uomo?

____

____

____

____

____

____

____

____

____

____

____

____

____

____

Salmi 118: 5-7

5 Nell'angoscia invocai l'Eterno, e l'Eterno mi rispose e mi trasse al largo.

____

____

____

____

____

____

____

____

____

____

____

____

____

6 L'Eterno è per me; io non avrò alcun timore; che cosa mi può fare l'uomo? 7 L'Eterno è per me fra quelli che mi soccorrono, e io guarderò trionfante sui miei nemici.

____

____

____

____

____

____

____

____

____

____

____

____

____

____

Salmi 119: 143

143 Affanno e tribolazione m'hanno colto, ma i tuoi
comandamenti sono la mia gioia.

____

____

____

____

____

____

____

____

____

____

____

____

____

____

Ebrei 11: 1

1 La fede è fondamento delle cose che si sperano e prova di quelle che non si vedono.

<table><tr><td>Scrivi i pensieri e i sentimenti che ti suscita questo versetto</td></tr></table>

____

____

____

____

____

____

____

____

<table><tr><td>Scrivi come credi che questo versetto si possa presentare nella tua vita in un futuro prossimo</td></tr></table>

____

____

____

____

____

____

____

8 Il Signore completerà per me l'opera sua. Signore, la tua bontà dura per sempre: non abbandonare l'opera delle tue mani.

Scrivi i pensieri e i sentimenti che ti suscita questo versetto

____

____

____

____

____

____

Scrivi come credi che questo versetto si possa presentare nella tua vita in un futuro prossimo

____

____

____

____

____

____

Atti 27: 25

25 Perciò non perdetevi di coraggio, uomini; ho fiducia in
Dio che avverrà come mi è stato annunziato.

Scrivi i pensieri e i sentimenti che ti suscita questo versetto

____

____

____

____

____

____

____

Scrivi come credi che questo versetto si possa presentare nella tua vita in un futuro prossimo

____

____

____

____

____

____

____

Proverbi 3: 5-6

5 "Confida nel Signore con tutto il cuore e non appoggiarti sulla tua intelligenza.

____

____

____

____

____

____

____

____

____

____

____

____

____

____

6 in tutti i tuoi passi pensa a lui ed egli appianerà i tuoi sentieri». Il re David sapeva che, cercando il Signore e condividendo i suoi problemi con Lui, avrebbe trovato sollievo.

____

____

____

____

____

____

____

____

____

____

____

____

____

____

Salmi 34: 4

4 «Ho cercato il Signore, ed egli m'ha risposto; m'ha liberato da tutto ciò che m'incuteva terrore».

____

____

____

____

____

____

____

____

____

____

____

____

Salmi 27: 1

1 Il Signore è la mia luce e la mia salvezza; di chi temerò? Il Signore è il baluardo della mia vita; di chi avrò paura?

____

____

____

____

____

____

____

____

____

____

____

____

____

____

Romani 8: 38-39 38 Infatti sono persuaso che né morte, né vita, né angeli, né principati, né cose presenti, né cose future, 39 né potenze, né altezza, né profondità, né alcun'altra creatura potranno separarci dall'amore di Dio che è in Cristo Gesù, nostro Signore.

Scrivi i pensieri e i sentimenti che ti suscita questo versetto

____

____

____

____

____

____

Scrivi come credi che questo versetto si possa presentare nella tua vita in un futuro prossimo

____

____

____

____

____

____

____

Salmi 121: 5

5 Il Signore è colui che ti protegge; il Signore è la tua ombra; egli sta alla tua destra.

Filippesi 4: 13

13 Tutto posso in colui che mi dà la forza.

____

____

____

____

____

____

____

____

____

____

____

____

____

____

Salmi 27: 13-14

13 Ah, se non avessi avuto fede di veder la bontà del Signore sulla terra dei viventi! 14 Spera nel Signore! Sii forte, il tuo cuore si rinfranchi; sì, spera nel Signore!

Scrivi i pensieri e i sentimenti che ti suscita questo versetto

____

____

____

____

____

____

____

Scrivi come credi che questo versetto si possa presentare nella tua vita in un futuro prossimo

____

____

____

____

____

____

____

Proverbi 16: 3

3 Affida al Signore le tue opere, e i tuoi progetti avranno successo.

____

____

____

____

____

____

____

____

____

____

____

____

____

____

Salmi 94: 18-19 18 Quand'ho detto: «Il mio piede vacilla», la tua bontà, o Signore, m'ha sostenuto". 19 Quando un gran numero di preoccupazioni mi assillavano, le tue consolazioni mi rincuoravano.

____

____

____

____

____

____

____

____

____

____

____

____

____

____

Deuteronomio 31: 6

6 Siate forti, fatevi animo, non temete e non vi spaventate di loro, perché il Signore tuo Dio cammina con te; non ti lascerà e non ti abbandonerà.

____

____

____

____

____

____

____

____

____

____

____

____

Isaia 41: 10

10 Non temere, perché io sono con te; non smarrirti, perché io sono il tuo Dio. Ti rendo forte e anche ti vengo in aiuto e ti sostengo con la destra vittoriosa.

Scrivi i pensieri e i sentimenti che ti suscita questo versetto

____

____

____

____

____

____

____

Scrivi come credi che questo versetto si possa presentare nella tua vita in un futuro prossimo

____

____

____

____

____

____

Salmi 56: 4

4 Nell'ora della paura, io in te confido.

____

____

____

____

____

____

____

____

____

____

____

____

____

____

Giosuè 1: 9

9 Non ti ho io comandato: Sii forte e coraggioso? Non temere dunque e non spaventarti, perché è con te il Signore tuo Dio, dovunque tu vada.

____

____

____

____

____

____

____

____

____

____

____

____

____

____

Proverbi 29: 25

25 Il temere gli uomini pone in una trappola; ma chi confida nel Signore è al sicuro.

____

____

____

____

____

____

____

____

____

____

____

____

2 Timoteo 1: 7

7 Dio infatti non ci ha dato uno spirito di paura, ma di forza, di amore e di disciplina.

Scrivi i pensieri e i sentimenti che ti suscita questo versetto

____

____

____

____

____

____

____

Scrivi come credi che questo versetto si possa presentare nella tua vita in un futuro prossimo

____

____

____

____

____

____

Deuteronomio 31: 8

8 Inoltre l'Eterno stesso cammina davanti a te; egli sarà con te; non ti lascerà e non ti abbandonerà; non aver paura e non sgomentarti.

____
____
____
____
____
____
____

____
____
____
____
____
____
____
____

Marco 6: 49-50 49 Ma i discepoli, vedendolo camminare sul mare, pensavano che fosse un fantasma e si misero a gridare, 50 perché lo avevano visto tutti e si erano spaventati, ma egli subito parlò loro e disse: «Fatevi animo, sono io, non temete!».

____

____

____

____

____

____

____

____

____

____

____

____

____

1 Pietro 3: 14

14 Ma, anche se doveste soffrire per la giustizia, beati voi! «Or non abbiate di loro alcun timore e non vi turbate».

____

____

____

____

____

____

____

____

____

____

____

____

____

____

Salmi 31: 19

19 Quanto è grande la tua bontà che riservi per quelli che ti temono, e che usi in presenza dei figli degli uomini verso quelli che si rifugiano in te!

____

____

____

____

____

____

____

____

____

____

____

____

____

Isaia 51: 12

12 Io, io stesso, sono colui che vi consola; chi sei tu da dover temere l'uomo che muore e il figlio dell'uomo destinato ad essere come erba?

____

____

____

____

____

____

____

____

____

____

____

____

____

____

Luca 2: 10

10 Ma l'angelo disse loro: «Non temete, perché vi annunzio una grande gioia che tutto il popolo avrà».

____

____

____

____

____

____

____

____

____

____

____

____

____

____

Salmi 94: 19

19 Quando un gran numero di preoccupazioni mi
assillavano, le tue consolazioni mi rincuoravano.

____

____

____

____

____

____

____

____

____

____

____

____

____

____

Salmi 115: 11

11 O voi che temete l'Eterno, confidate nell'Eterno! Egli è
il loro aiuto e il loro scudo

____

____

____

____

____

____

____

____

____

____

____

____

____

____

1 Cronache 28: 20 Davide disse quindi a suo figlio Salomone: «Sii forte e coraggioso e mettiti al lavoro, non temere e non sgomentarti, perché l'Eterno Dio, il mio Dio, sarà con te. Egli non ti lascerà e non ti abbandonerà, finché non avrai terminato tutto il lavoro per il servizio della casa dell'Eterno».

____

____

____

____

____

____

____

____

____

____

____

____

____

____

Infine, esiste un Salmo particolarmente noto ma che, non per essere stato facilmente divulgato, è meno prezioso nel suo insegnamento.

Tutt'al contrario, è una preghiera che con delle belle parole ricorda a tutte le persone che soffrono per carenze, bisogni, dolore nell'anima o nel corpo, paure, dubbi o affrontano persone o problemi che a un certo punto sembrano essere stati superati, che Dio è con loro, che non li abbandonerà mai e che per loro ha preparato una ricompensa alla fine di quel duro viaggio che stanno vivendo:

Salmi 23: 1-6

1 Il Signore è il mio pastore: non manco di nulla; 2 su pascoli erbosi mi fa riposare ad acque tranquille mi conduce. 3 Mi rinfranca, mi guida per il giusto cammino, per amore del suo nome. 4 Se dovessi camminare in una valle oscura, non temerei alcun male, perché tu sei con me. Il tuo bastone e il tuo vincastro mi danno sicurezza. 5 Davanti a me tu prepari una mensa sotto gli occhi dei miei nemici; cospargi di olio il mio capo. Il mio calice trabocca. 6 Felicità e grazia mi saranno compagne tutti i giorni della mia vita, e abiterò nella casa del Signore per *lunghissimi anni.*

Scrivi i pensieri e i sentimenti che ti suscita questo versetto

____

____

____

____

____

____

____

____

Scrivi come credi che questo versetto si possa presentare nella tua vita in un futuro prossimo

Potresti lasciarci un feedback raccontando la tua esperienza con questo libro?

Grazie.

Un altro libro consigliato per superare l'ansia:

Come Controllare L'ansia E Gli Attacchi Di Panico

I Segreti Efficaci Per Tornare Ad Essere Te Stesso E Goderti La Tua Vita Tranquillamente

Ronna Browning